STAGGERING IMAAN

A BOOK FULL OF FEELINGS

ADNAN KHAN

Contents

Preface

This book is for those who are already fighting with Themselves.
And trying to be a good Muslim, and they have no one to understand, no one to listen. And I Have written this book from my own Experience, Feelings and Study and Trust me was literally Crying while writing this book. ALLAH'S Love Made Me Cry.
This Book Contains 10 Chapter And Every Chapter Is Like a Step, Steps Towards Your Lord. So Read and Understand Every Chapter with Your Heart. And while Reading this Book don't forget it is a Sign of your Lord that you are reading this Book. He ﷻ want you to come closer to him because he loves you.
Insha'Allah This Book Will Help You to Make Your Imaan Strong and To Make Good Connection with The Almighty. And as I said before I wrote this book with my experience so if you find any mistake in it pardon me, I'm not a scholar.

Acknowledgements

In the name of ALLAH, Most Gracious, Most Merciful.
Whose Love Made this Book possible. Love And Blessings
be upon the Prophet Muhammad ﷺ who taught me to be
Truthful in every situation and accept Simplicity, I am
grateful to my parents who never stopped me of doing
anything they trusted me. To my mother her Simplicity
taught me that no problem if the world doesn't change,
change yourself be good to everyone, and to My Father
who taught me to never lose hope of ALLAH No Matter
What's the Situation there's always something better in
Allah's Decision.
All Praise to God Who Made My Existence.
ALHAMDULLILAH.

Author Biography

بِسْمِ ٱللَّهِ ٱلرَّحْمَٰنِ ٱلرَّحِيمِ

A Slave Of ALLAH The Almighty, Trying to Make everyone closer to the Lord of the Mercy. Author Himself Came out From a Very Miserable Past Struggling And Sinning and Still Trying To Be a Good Muslim. He Came Out Of It By the Will of ALLAH ﷻ So Will You Can, This is the First Book Of Adnan Khan as ALLAH Gave Hidayah (Guidance) to Him, and Author believes that ALLAH has also Put in his Heart that there will be so Many People around the World who are Struggling like you and you can Help them by Writing this Book. Author Wants To Share His Experience to All the Brothers And Sisters Over There, He Want Everyone to Be Close To ALLAH ﷻ, INSHAALLAH.

CHAPTER ONE

Call From Shaitan

Hum Insaan Hamesha se Aise He the Hame Pata Hota Hai Ke Koi Cheez Hamare Liye Buri Hai Magar Hum Phir Bhi Use Chahte Hai. bilkul Waise He Jaise Adam (AS) Ko Pata tha Jannat Ka Wo Pedh Unke Liye Bura Hai Kyunke ALLAH ﷻ Ne Uske Kareeb Jane se Bhi Mana Kiya tha, Lekin Shaitan ne Behla Fusla Ke Unhe Majboor Kardiya Wo Karne Ke Liye Jisse Unhe Jannat Se Nikal Diya Gaya. Ajj Ke Insaan Ka Bhi Wohi Haal Hai Hame Pata Hota Hai ke koi Cheez Hamare Liye Galat Hai Lekin Shaitan Kamyaab ho jata hai Hamare dil mein Uss Cheez Ki chahat dalne mein, wo bhi Aasani se aur yeh Imaan ki kamzori ki wajah se hota hai, hame shaitan ke waswaso se bachna chahiye apni Nafs per kabu rakhna chahiye.

ALLAH ﷻ ne Saaf Taur per Qur'an Majeed Mein Farmaya Hai Ke "Shaitan Ke kadmo per mat chalna wo tumhara khula dushman hai"[1]

[1] Qur'an 2:168

Per afsos hai humne use apna dost bana liya hai, hame pata hota hai ke hum jo kar rahe hai wo ALLAH ke Hukm ke khilaaf hai phir bhi hum wohi karte hai aur hum use baar

baar lagataar karte hai aur phir ek waqt aisa aata hai jab shaitan toh jaa chuka hota hai lekin tumhari gunah ki aadat aisi ho jati hai ke abb tumhe shaitan ki Zarurat nahi hoti, Jab hame pata chalta hai tab tak bohat der ho chuki hoti hai, der isliye nahi ke hame abb Maafi nahi milegi, balki isliye ke hum abb uss Gunah mein itne Ghus jate hai ke hamare liye wo Gunah abb Gunah nahi hota hamare dilon mein abb ALLAH ka Khoaf nahi hota. hum Samajhte he nahi ke hum Gunah kar rahe hai, shaitan hamare liye wo Gunah aam bana deta hai, aur agar hume yeh lagega he nahi ke hum Gunah kar rahe hai toh hum Maafi kyu maangege aur agar hum Maafi nahi maangege toh hamare Gunah badhte jayege aur hame kabhi ehsaas nahi hoga, aur agar tumhe hua hai toh shukr ada karo aur Maafi maango apne Rab Se.

Shaitan ne ALLAH se Wada Kiya Hai Ke Wo Har Adam Ke Bete ko Jahannam Lekar jayega, shaitan hamare saath chaal chalta hai wo humse pehle chote chote Gunah karata hai phir hum bade Gunah karte hai aur phir hum uske aadi ho jate hai aur phir shaitan hame apne dam per chodh deta hai, bilkul waise jaise ek chota baccha pehle chote chote kadam rakhta hai phir wo chalna seekh jata hai aur phir use uske dam par chodh diya jata hai. Hum Gunah karne mein itne mashroof ho jate hai ke hame nahi parwa hoti ke hame ALLAH ka Gazab Jhelna padega Na He khoaf hota hai ke iske liye hum Jahannum mein jaa sakte hai. Wo tumse chote Gunah karayega jaise Jhut bolna jabki Jhut bolna bhi Islam mein bohat bada Gunah hai lekin ajj ke duar mein yeh aam ho gaya hai, wo pehle humse hamari majboori mein Jhut bulwayega phir hamare fayede ke liye aur phir Jhut bolna hamari fitrat ho jayegi. Haa yeh itna aasan hai jitna nazar aa raha hai, kyunke shaitan hame nazar nahi aata yehi uski sabse badi takhat hai.

Nabi ﷺ *ne apne aakhri khutbe mein farmaya tha "Shaitan se bacho apne deen ki hifazat ke liye, usne uski tamaam umeede kho di hai, wo tumhe baadi cheezon mein gumrah kardega, is liye uski pairwi karne se bacho choti cheezon mein[2]*

[2] Sahih-Al-Bukhari (1623, 1626, 6361)

Aur pata hai shaitan ko sabse zada Accha Kab lagta hai jab Miya-Biwi Apas mein ladhte hai ek hadith mein riwayat hai *"Nabi* ﷺ *Ne Farmaya Shaitan Apna Taqt Paani Per Rakhta hai Aur Apni Foj Bhejta hai, Uske Sabse Kareeb wo hota hai jo sabse zada musibatein khadi karta hai. Unme se ek Aata hai aur kehta hai maine aisa-aisa kiya toh Shaitan Kehta hai tune Kuch Khaas Nahi Kiya, phir unme se ek aur kehta hai "maine uss insaan ko tab tak nahi chora jab tak maine use uski Biwi se alag nahi kar diya" shaitan khush hota hai aur use gaale lagata hai aur kehta hai tune sabse accha kaam kiya hai[3].*

[3] Sahih-Muslim 2813b

Shaitan bohat chalaak hai wo tumse ek he baar mein bada Gunah nahi karata wo tumse chota Gunah karayega, phir ek aur chota Gunah, phir ek aur, aur tabtak jabtak wo tumhara Imaan nahi tabah kardeta. Faisla tumhara hai tumhe use harana hai ya uski pairwi karni hai.ya agar mai yeh kahu tumhe Jannat Mein Jana Hai Ya Jahannum Mein.

CHAPTER TWO

Victory of shaitan

Shaitan Ki Jeet Tab Hoti Hai Jab Hum ALLAH ﷻ ke Ehkamaat Ko nazarandaaz kar ke Shaitan Ki Pairwi Karte hai. Aur Uski Asal jeet tab hoti hai jab wo hame yeh maan ne per Mana leta hai ke hum bohat bade Gunahgaar ho gaye hai abb Maafi Maang kar koi fayeda nahi abb jaisa chalra hai chalne do, karte raho aur Gunah aur hume phir fark nahi padhta jaisa pehle padhta tha har Gunah ke baad pachtawa abb wo pachtawa nahi hota shaitan ki sabse badi jeet yehi hai ke ham pachtawa karna chordete hai aur ALLAH se Maafi ki tawwako chor dete hai. Shaitan ne tumhe sirf ek kadam Gunah ke taraf badaya, wo chala gaya per tum uss Raaste per chalte rahe, Jab Roz-e-qayamat tum shaitan per ilzaam lagaoge toh pata hai wo kya kahega,

"Mera Tum Per Koi Ikhteyaar Nahi Tha Maine toh sirf tumhe (Gunah) Ki Taraf Bulaya Aur Tumne Uska Jawab Diya, Toh Abb Mujhper Ilzaam Mat Lagao". [1] Tab Kya Jawaab hoga tumhara aur kispe ilzaam lagaoge? koi nahi hoga tumhare aamaal tumhare zimme hai toh gaur karo tum kya kar rahe ho shaitan ko apne upar hawi mat hone do.

[1] Qur'an 14:22.

Use mat jeet ne do jab wo tumhe Fajr ke liye nahi uthne deta use mat jeetne do jab wo tumhe zina ke taraf le jata hai aur use mat jeetne do jab wo tumhe apne Maa-Baap ya Biwi se ladata hai.

Abu Hurayrah (RA) se Riwayat hai ke Nabi ﷺ ne kaha: Jab tum sote ho toh shaitan teen gaant maarta hai tumhare sir ke piche aur har gaant per kehta hai ke raat bohat lambi hai, sote raho. Aur jab wo insaan uthta hai aur ALLAH ko Yaad karta hai toh ek gaant khul jati hai, aur jab wo wazu karta hai toh dusri gaant khul jati hai, aur jab to namaz padhta hai toh saari gaant khul jati hai aur wo subah acche mejaaz ke saath uthta hai. [2] Toh Shaitan ko jeetne mat do, utho aur apne Rab ko raazi karo aur Dua maango ke wo tumhe shaitan ke chaalon se bachaaye, Ameen.

[2] Sahih Al-Bukhari 1091.

Bohat se Log Iss Baat Se Bhi Pareshaan hote hai ke wo apni Namaaze nahi padh paate aur na he unko padhne ka maann karta hai tumhe aisa isliye mehsuus hota hai kyunke tumhara Imaan kamzoor hai. Tumhe karna yeh chahiye ke Jab bhi tum Azaan ki Awaaz suno toh fauran utho aur jao Namaz padhne agar tum kisi kaam mein ho toh kuch waqt ke liye uss kaam ko rokdo aur jao apne Rab ki taraf kyunke agar tumne socha ke tum yeh kaam khatam karke padhloge ya baadme padhloge ya tum bus baithe rehte ho aur azaan hoti hai tum sunke bhi Ansuna kar dete ho toh yeh tumhare dimag mein shaitan daalta hai wo tumhe sust karna chahta hai kyunke wo nahi chahta ke tum Namaaz padho aur apne Rab ke Qareeb jao. Lekin yeh baat bhi yaad rakhna tumhare Rab ne tumhe apni marzi (Free will) di hai tum pura ilzaam shaitan per nahi dal sakte wo bus waswase dalta hai

"Fi Sudurin-nas" Insan Ke Seene Mein Waswase Dalta Hai.[3]

[3] Qur'an 114:5

Nabi ﷺ Ne Farmaya Ek Saathi Jinon Mein se aur ek saathi farishton mein har insaan ke saath hota hai, jo jinon mein se hota hai wo insan mein waswase dalke behkata hai aur jo farishto mein se hota hai wo Nek Khayalat lata hai insan ke andar, Nabi ﷺ Ne Farmaya Ke Har Shaqs Ke Saath Shaitan Hota Hai, Ek Sahaba ne Pucha ALLAH ke Rasool Kya Apke Saath bhi hai, ALLAH ke Rasool ﷺ Ne Kaha Ha Mere Saath bhi hai Lekin ALLAH Rabbul Izzat Ne Mujhe usper galba de diya aur maine use Musalman bana liya abb wo mujhe Acchayi ke alawa koi hukm nahi deta hai. [3] Toh Hame Bhi Chahiye Ke Hum Uss Fariste ki baat maane aur Shaitan (Jinn) ko hara de aur ALLAH ne Chaha Toh InshaAllah tum bhi kamyab ho sakte ho Apne Saath Wale Shaitan Ko Imaan Wala Banane Mein.

[4] Muslim 2814.

CHAPTER THREE

Help Of ALLAH جل جلاله

Jab tumhe koi Raasta nazar nahi ayega, Jab tum gunah mein dub jaoge aur jab tumhe apne aap se Ghin aane lagegi tab tumhare Rab ki madat tumhare paas ayegi wo aise ayegi jaise tumne socha bhi nahi hoga wo kisi insaan ke shakl mein aa sakti hai ya kisi Nuqsaan ke ya kisi Fayede ki Shakal mein, Jab tum apne Rab se dur bohat durr jaa chuke hoge tab tumhara Rab tumhe aapne paas bulayega, Jabki tumne uski Nafarmani ki koi kasar nahi chori. Lekin wo ALLAH Gafoor-ur-Raheem hai usne kabhi tumhe akele nahi chora tha wo bus dekhna chah raha tha ke tum kis had tak jate ho, wo apne bande ko Todta hai Taake banda laut kar apne Rab ki taraf bhage. koun hai uske siwa jo tumhe tumhare Gunahon ki Maafi dega? Koun hai jo Maidan-e-Hashr mein tum per rehem dikhayega beshak wo Rab jisse Rehem khud hai. Toh daudo apne Rab ki taraf uske siwa Koi Tumhara Madadgaar Nahi.

Ek hadith mein hai ke nabi ﷺ ne farmaya ke Ahle Jannat ko kisi cheez per itni Hasrat nahi hogi jitni uss lamhe per jo dunya me ALLAH ﷻ ki yaad ke Bagair Guzar Gaya. Socho jab Jannat Jaisi jagah Pohachne ke baad bhi uss kuch lamho ke baare mein sochege jo ALLAH ki yaad ke Bagair Guzara, toh socho hum Toh Puri Zindagi ALLAH ﷻ ko Yaad Kare bina Guzar rahe ha.i[1]

[1] Sahih Al-Jame al-Sagheer lil-Albani - 5322

Beshak ALLAH ki Marzi Ke Bina Kisi Ko Hidayat Nahi Mil Sakti, Yeh ALLAH He Ki Marzi Hai Ke Tum Yeh Kitaab Padh Rahe Ho Kya Pata wo tumhe Apne Paas Bulana Chah raha ho Wo Chahta Ho ke tum Uske Kareeb Aao Uski Ibadat karo apni Zindagi aur Akhirat Sawaro.

"Aftaab Ki Roshni ki kasam aur tareeki ki kasam jab wo chah jaye na Tumhare Rab ne tumhe chora aur na tumse Naraaz hua aur akhirat tumhare liye duniya se kayi behtar hai. Isme koi shak nahi apka Rab apko itna dega ke aap khush ho jayege, aur kya usne tumhe yateem pa kar jagah nahi di jab tumhe apni Mohabbat mein paya toh khud apni taraf rah dikhayi aur jab tumko mohtaaj paya toh Ghani kiya". [2]

[2] Surah Ad-Dhuhaa -1-8

Yeh Alfaaz Hai ALLAH ﷻ ke Apne Habib Muhammad ﷺ Ke Liye Jab unper cheh Mahine tak koi wahi nahi aa rahi thi Nabi ﷺ Ko laga ALLAH unse Naraaz hai. Lekin ALLAH Unse Naraaz Nahi Tha Wo Hamesha Unke Saath Tha, Aur Wo Hamesha Se Tumhare Saath Bhi Hai Aur Rehega, Wo Tum Ho Jise Wo Nazar Nahi Aata, Wo Tum Ho Jo Use Yaad Nahi Karte, Wo tum ho jo uss Rab-e-Kareem se Baat Nahi Karte, Wo Toh Intezaar Mein Hai Hamare Ke Hum Usse Baat Kare Usse Maafi Maange Aur Wo Maaf Karde.

"Aur Tumhara Rab Maaf Karne mein Bohat Zabardast hai"[3].

[3] Surah An-Najm -32

Mufti Menk Kehte hai "Jab Tumhari zindagi mein buri cheeze ho rahi ho, toh kabhi kabhi wo shuruat hoti hai kisi badi aur behtar cheez ki jo tumhari zindagi mein hone wali ho, tum apni Naukri ho Khodete ho toh shayad ALLAH  chahta ho tum khudki Company shuru karo jo uss Naukri se behtar ho jaha tum kaam karte the, Isiliye Sabr rakho, aur apne Rab ke Faislon per Yakeen Rakho, Aur yaad karo kya tum ab wo ho jo tum pehle the? Pucho khudse, kya abb tumhe Gunah karne se Darr nahi lagta? Kya tum pehle aise the? Nahi! Jab tumhara Rab tumhe yaha tak le aya toh aage bhi wohi Madat karega, aage ka Raasta bhi wohi Dikhayega, InshaAllah.

CHAPTER FOUR

Love of ALLAH جلاله

Tumne Gunah ki hadd par kardi, itna ke tumhe apne aap per Ghin aane lagi itna ke tum kisi ke Saamne jaane se bhi Hichkichane lage, tum akele rehne lage, tumne haar maan liya, tum thak gaye, tumne aapne aap ko tabah kardiya shaitan ne tumhe iss kabil bhi nahi rakha ke tum apne Rab ko awaaz de sako, per pata hai tumhara Rab kya kehta hai, *"Aae Adam ki Aulad jabtak tum mujhe pukaar te ho aur mujhse Maafi maangta ho, Mai tumhe Maaf karta rahuga aur mai bura nahi Manuga. Aae Adam ki Aulad agar tumhare Gunah Aasmaan ki chat tak bhi jaa pohache aur tum mujhse Maafi maango toh mai tumhe Maaf karduga. Aae Adam ki Aulad agar tu zameen (Earth) ke barabar Gunahon ke saath mere Saamne aye aur mere Saath kisi ko Shareek na kare toh mai Tumhe Maaf Karduga"*.[1] Ab Batao koi hai Mere Rab Se bada Rahmaan? Beshak nahi.

[1] Hadees-e-Qudsi 34

Wo Badshah hai 7 Samudr Ka Per Tumhare Ek Katre Aansu Ka Khwahishmand hai, Ek Hadees mein *Abu Hurairah (RA) se Riyawat hai ke "RasoolAllah ﷺ ne farmaya ke ALLAH ﷻ ne Rehmat ke 100 Hisse kardiye aur 99 Hisse apne paas rakhe aur 1 Hissa zameen per utara hai, Jis 1 Hisse ke zariye ek Maa apne bacche per rehem karti hai aur Janwaar apas mein Humdardi rakhte hai, Roz-e-Qayamat ALLAH ﷻ Saari Rehmat apne bandon ke liye Istemaal karega"*. [2] Toh Jis Rab ke 1 Hisse ki Rehmat ka Yeh Haal Hai Ke Saari Duniya Aapas Mein Rehem Dikhati Hai Toh Baki ke 99 Hisson ka kya Aalam hoga.

[2] Riyad as-Salihin 420

Uss Rab ki Rehmat ka Muqabla hum kisi se nahi kar sakte, kuch log kehte hai ke ALLAH ﷻ hame 70 Maon se zada Pyaar karta hai ya ek Maa se 70 Guna zada pyaar karta hai ya aisa he kuch lekin koi bhi Hadees mein aisa koi Zikr nahi hai, Hum uss Rab ki Rehmaat aur Pyaar ka Muqabla kisi se kaise kar sakte hai jab Rehmat aur Pyaar Khud us se hai. Us RabbulAlameen se jo saare Jahanon ka Khalik hai! Jaise hum apne bacchon se ya apne Walid ya Walida se Mohabbat karte hai toh yeh uss Rab ki Rehmat aur Pyaar ke wajah se hai.

ALLAH ﷻ Tumhare liye wo Darwaza khol dega jiske Baare Mein Tumne kabhi Socha Bhi Nahi Tha Ke Iski chavi Bhi Hai. ALLAH ﷻ Se Mohabbat Karke Tum Kabhi Akela nahi mehsus karoge, Saare Jaahan ko tumhe chor dene do, Tumhare paas phir bhi ALLAH hoga. Kaha Jata Hai "ALLAH ﷻ Tumhari zindagi se koi cheez agar leta hai toh wo kisi khubsurat aur behtareen cheez ki jagah banane ke liye leta hai, Jab koi cheez tumse li gayi hai toh tum bas ek Kadam Dur ho kuch Behtareen Paane se. *"Abu Huraira (RA) Se Riwayat Hai: RasoolAllah ﷺ ne farmaya Uss Zaat Ki Kasam Jiske haath Mein Meri Jaan Hai, Agar Tum Gunah Na Karoge Toh Allah Tumhari Jagah Aison Ko Le Ayega jo Gunah Karege Aur wo Allah Se Maafi Maangege Aur Allah Unhe Maaf Kardega[3]"*. Toh Agar Insaan Gunah nahi Karege Toh Allah Sabko Khatam Karker Aison Ko Layega jo Gunah Karege per Allah se Maafi Mangege Aur Allah

Unhe Maaf Kardega. toh Aisa nahi hai ke tumse Gunah nahi ho sakte Allah Tumse Nahi keh raha ke tum Farishte ban jao Balki Allah toh Qur'an Mein Farma Raha hai ke Namaaz Padho *"Beshak Namaaz Behayai se Rokti Hai"*[4]. Toh tumhe Apne aapko Samjhana hoga ke Aisa nahi Ho sakta Ke tum kaho ke Jab Mai Gunah Karna Bandh Karunga tab he Mai Qur'an Aur Namaaz Padhuga Balki Qur'an Aur Namaaz Tumhe Gunah Karne Se Rokegi.

[3] Ṣaḥīḥ Muslim 2749

[4] Qur'an Al-'Ankabut 29:45.

Ham Insan Har Jagah Apna Dimag Istemaal karte hai Har Jagah Yaha Tak ke apne Pyaaro ke saath bhi per hum Apne Rab Ke Saamne Nahi Kar Paate Kyu? kyunke Usne uska aur uske bande ka rishta kuch Alag He Banaya hai yeh baki Rishton ki tarah nahi hai, Iss Rishte mein Ashiq ko Wafa ke Alawa kuch nahi Milta. Na Iss Rishte mein Dil Tuthte hai, Balki tute huye Dil Judte hai, Thukraye hue Apnaye jaate hai, Jinhe koi nahi apnana chahta use wo Rab-e-Kareem Apnata hai. Uske pyaar ki tulna kabhi kisi se mat karna kyunke Agar tum uske Pyaar Ki Tulna kisi se karne Jaoge toh tumhe Ruswayi aur Nirasha he Milegi.

Kabhi Kabhi Hum bus shikayat karte rehte hai "Kuch sahi nahi ho raha ALLAH mere Saath aisa kyu kar raha hai" aur jab sab kuch sahi ho jata hai toh hum ALLAH ko bhul jate hai Uska Shukr ada nahi karte, Wo hume tab bhi Nawaaz ta hai jab hum Gunah kar Rahe Hote hai, Nashukre hote hai toh socho jab tum Gunah se Baaz aa Jao aur uska Shukr Ada karo toh wo tumhe kin kin chezon se Nawazega, Tum Ginti karte Thak Jaoge lekin Mera Rab Nawazte huye nahi Thakega.

CHAPTER FIVE

Love For Prophet Muhammad ﷺ

Hame Bachpan se Sikhaya Jata hai ke Hame Nabi ﷺ se Mohabbat Karni Chahiye Per Kya Hum Jaante hai Wo Humse Kitni Mohabbat Karte The? unke dil Mein Hamare Liye kitni Humdardi thi? Dil Mein Nabi ﷺ ki Mohabbat hona bhi Imaan Ki Nishaani hai, Agar Tum Musalmaan Ho Namazi Bhi Ho Lekin tumhare dil mein Nabi ﷺ ke Liye Mohabbat Nahi Toh Tumhara Imaan Kamzor hai balki Adhura hai, Zubaan se keh dena ke Lailaha illallah Muhammadarrasulullah yeh kaafi nahi hai yeh tumhe ek Muqammal Momin nahi banata. Nabi ﷺ Ki Humse Mohabbat ka Toh Allah ﷻ Bhi gawah hai Allah ﷻ Qur'an Mein Farmata hai

لَقَدْ جَآءَكُمْ رَسُولٌ مِّنْ أَنفُسِكُمْ عَزِيزٌ عَلَيْهِ مَا عَنِتُّمْ حَرِيصٌ عَلَيْكُم بِٱلْمُؤْمِنِينَ رَءُوفٌ" "رَّحِيمٌ

(Aye Logon Tumharey Paas Ek Aisa Rasool Aya hai Jo Tum he Mein se Hai, Jiss Ko Tumhari Har Takleef Bohat Pareshaan Karti hai, Jisey tumhari Bhalai Ki dhunn Lagi Hoti hai, Jo Momin Hai Uske Liye Wo Intehai Shafiq, Nihayat Meharbaan hai).[1]

[1] Qur'an 9:128.

Nabi Toh Wo Hai Jinhone Hamare Liye Raaton Ko Uth Uth kar duaen Maangi, Ro ro Kar Duaen Maangi, Hame Kisi Bhi Mauke Per Nahi bhule. Nabi To Wo Hai Jinhone Hamare Liye Patthar khaye aur khoonalood ho gaye aur apne kitne sahaba gawaye. Kis liye? Unhe Isse kya fayeda Tha? Yakeen mano Sirf Apne Rab Ko Raazi Karne Ke Liye Aur Hamari Aakhirat Ke Liye. *Aishah (RA) Se Riwayat hai "Ek Dafa Jab maine Nabi ﷺ Ko Khush Dekha toh Maine Unse Kaha Ya Rasool Allah! Allah Se Mere Liye Dua Kijiye Rasool Allah Ne Kaha "Aye Allah! Aishah Ke Pichle Aur Ainda Ke Gunah Maaf Farma Wo Gunah Jo isne Chupaye Aur Wo Gunah Jo Zahir ho gaye". Mai Muskurane lagi, yaha tak ke Khushi Se Mera Sir Unke Godh Mein jaa Gira. Allah Ke Rasool ne Mujhse Pucha "Kya meri Dua Ne Tumhe Khush Kiya? Maine Jawaab Diya"Aur Kaise Mujhe Apki Dua Se Khushi Nahi Hoti?". Rasool Allah Ne Kaha "Allah Ki Kasam Yeh Wohi Dua hai Jo Mai Har Namaaz mein Apni Ummat ke Liye maangta Hu".* [2]Sallallahu tala alaihi wasallam, Wo Nabi-e-rehmat hai rehem karna ALLAH Se Unhe Tohfe mein mila Hai.

[2] Ṣaḥīḥ Ibn Ḥibbān 7266.

Nabi ﷺ Se Mohabbat Ka Taqaza Yeh hai ke Unper Hamare Walid-Walida, Biwi-Bacche, Maal-o-daulat, Jaan-zindagi sab kurbaan ho[3]. Allah ﷻ Ne Har Nabi ko Har Rasool ko Ek Dua Di Hai Aur Wada Kiya Hai ke Wo Dua Zarur Qubool Karega. Aur Har Nabi ne Apni Dua Istemaal karli is Duniya mein He Siwaye Hamare Pyaare Nabi ﷺ ke Unhone Wo Dua Hamare Liye bacha ker Rakhi hai Apni Ummat ke Liye aur Wo uss Dua Ko Faisle Ke Din Istemaal karenge. Aur Unki Dua Hogi *"Ya Allah, Meri Puri Ummat Ko Maaf Karde".* [4]Aur Aisa Nahi hai ke Unko Zarurat nahi Padi us Dua ki Balki Allah Ke Nabi ﷺ Ne hamare Liye Wo

Dua Bachake Rakhi. Aur Pata hai Nabi ﷺ Humse Milna Chahte the *Anas Ibn Malik (RA) Se Riwayat hai: Rasool Allah ﷺ Ne Farmaya "Kaash Mein Apne Bhaiyon Se Mil Sakta, Sahaba Ne Pucha, Ya Rasool Allah Kya Hum Apke Bhai Nahi hai? Rasool Allah Ne kaha" Tum Mere Sahaba ho, Mere Bhai Wo hai Jinko Mujhpe Imaan hai Jabki unhone Mujhe Kabhi Dekha tak Nahi hai.* [5] Kya Hame uss Shaks se Mohabbat Nahi Honi chahiye Jise Humse Itni Mohabbat hai Hamari Itni Fikr hai Wo Bhi Bina Hame Dekhe Aur Jaane.

[3] Sahih al-Bukhari 15.

[3] Sahih al-Bukhari 6305.

[4] Musnad Ahmad 12169

Aur Nabi ﷺ Ki Tareef Toh kayi Gair Musalmaan Itehaaskar aur Musannif bhi karte hai Jaise (Michael Hart, Arnold toynbee, Will Durant, Thomas carlyle, Aur Bhi Kayi...)

Michael Hart: My choice of Muhammad to lead the list of the world's most influential persons may surprise some readers and may be questioned by others, but I believe that Muhammed was the only man in history who was supremely and clearly successful on both the religious and secular levels...

Will Durant: But no one seems to have bothered to teach him [Muhammed] ﷺ how to read or write...and Mohammed was never known to write anything himself...but this did not prevent him from acquiring such understanding of the management of men as seldom comes to highly educated persons.

Thomas Carlyle: What negates the claim of those who say that Muhammed was not truthful with regards to his Message...he spent the height and vigour of his youth in a quiet, reassuring life [with Khadijah (may Allah be pleased with him)], and he did not try to spend it in partaking in any major or critical events whose basic driving forces are the love of fame, pride and authority.

Alphonse Lamartine: He also said, [This is Muhammed, the philosopher, orator, apostle, legislator, warrior, conqueror of ideas, restorer of rational beliefs which call others to the pure form of worship, free of human blood sacrifice and superstitions. He was the founder of twenty terrestrial empires and of one spiritual empire; that is Muhammad.

Wolfgang von Goethe: I searched in history for the best example of a human and found it to be in the Arab Prophet, Muhammad.

Tum Kaise us Insaan se Mohabbat Nahi Kar Sakte jis se Gair Musalmaan Tak Mohabbat Karte hai. Hum per farz Hai agar hum Musalman hai toh Hamare Dil Mein Muhammad ﷺ Ke Liye Mohabbat Ho.

CHAPTER SIX

Regretting About Past

Jab Tumhe ALLAH ki Taraf Se Hidayat Milna Shuru Hogi Toh pehle tumhe Pareshani hogi apne past ki wajah se jo bhi tumne apne past mein kiya ho, wo tumhe Pareshaan karega aur Shaitan ki wo chaal wo Waswasa jo usne tumhare dil mein dala tha kahi na kahi wo abb bhi Zinda hoga aur wo tumhe yeh sochne par baar baar Majboor karega ke tum bohat Bade Gunehgaar ho yeh sab ka koi Fayeda nahi abb tum kisi bhi halat mein Jahannum mein jaoge aur kuch aise log bhi hoge tumhare aas paas jo tumse bilkul isi tarah Shaitani baatein kahege. Lekin tumhe unki nahi Sunna hai kyunke ALLAH ﷻ ke Darbaar Mein Tauba Ka Darwaza kabhi band nahi hota, chahe tumhari kitni bhi Umar ho, chahe tumhare kitne bhi Gunah ho.

Bus apne rab per bharosa rakho aur uski taraf ruju karo wo beshak apne bandon se bohat pyaar karta hai, *Ek hadith mein nabi ﷺ ne farmaya ke "Har Adam Ki Aulaad Gunahgaar hai, Lekin Gunehgaron mein sabse behtar wo hai jo Maafi Maangte hai.[1]*

[1] Jami At-Tirmidhi 2499

Ibn Abbas (RA) Se Riwayat Hai: Nabi ﷺ Ne Farmaya, " Jab Allah Ne Firon Ko Dubaya, Unse Kaha Mai Imaan Lata hu Uss Rab per Jisper Bani-Israel ka Imaan hai. Jibril (AS) Ne kaha Aye Muhammad, Agar tum Mujhe dekh paate jab Mai Samundr Se Matti Nikal Kar Firon ke Muh mein Bhar raha tha, is Darr se ke Allah ki rehmat uss tak pohach jayegi". [2] kyunke Jibril (AS) Ko pata tha ke Allah itna Meherbaan hai ke Firon ko bhi Maafi Mil sakti hai, wo darr rahe the ke ek pal ki Maafi se uski Saalon se kiye zulm ke liye Allah use Maaf kardega. Toh Agar Firon Jaise Ko bhi Maafi Mil Sakti thi toh Kya tum Apne aap ko Firon se bhi Bura Samajh te ho?

[2] Sunan al-Tirmidhī 3107

Wo tumhare Maafi Maangne ko pasand karta hai, Mai aisa nahi kahuga jo tumne past mein kiya use Bilkul he bhul jao, balki use yaad rakho aur usse Sikho socho ke tum pehle kya the aur tumhare Rab ne tumhe abb kya bana diya choti choti cheezon per dhayn do. Socho "kaise Tumhare Rab ne tumhe Andhero Se Nikal Kar Roshni ki taraf le aaya. Shukr aada karo apne Rab ka agar wo RabulAlameen nahi chahta toh tumhe kabhi ehsaas nahi hota ke tum kitna durr jaa chuke ho usse kitna duub chuke ho Gunah mein, agar tumhe ehsaas nahi hota toh tumhara kyaa hota Qayamat ke din tum kaise apne Rab Aur Apne Nabi ﷺ Se Nazar Milate.

Misaal Ke Taur Per Sahaba bhi hamesha se waise nahi the *Hazrat Umar (RA) Ameer-ul-Muhmeneen Islam Ke dusre Khalifa, Islam Qubool Karne Se pehle unhone dekha ke islam ke aane se saare qabile alag ho rahe hai and gulam nafarmani kar rahe hai toh gusse mein akar wo Nabi ﷺ Ko Maarne Nikle The lekin Nabi ﷺ Ne Unke liye Dua Ki thi " Aye ALLAH islam ko un do logon mein ek se Mazbut kar jisse tu zada Mohabbat karta hai Abu Jahl ya Umar ibn Al-Khattab.* [3] Toh Nabi ﷺ Ki Yeh Dua Qubool Huyi Aur Hazrat Umar (RA) Ne Islam Qubool kiye Aur Unke

Qubooliyat ke baad Islam aur mazbut ho gaya.

[3] Sunan Al-Tirmidhi 3681

Toh tum pehle kya the isse fark nahi padhta tum abb kya ho aur kya banna chah rahe ho isse fark padhta hai aur Jab tum ALLAH se Tauba Karoge toh wo tumhare Gunah nahi dekhega wo tumhari Niyat Dekhega wo dekhega ke tum kitna tadap sakte ho uski Maafi paane ke liye. Aur agar tumhe lag raha ho ke tumhare saath Hamesha bura he Hota hai ALLAH ne Tumhe Maaf Nahi Kiya Toh yeh jaanlo ke ALLAH Usi Per Mushkile Dalta hai usi ko Aazmata hai jisse wo pyaar karta hai. Toh agar tumhara waqt accha nahi chal raha toh Sabr karo aur Dua karo ALLAH Kabhi Apne Bande Ko Mayoos nahi karta.

Yeh bhi Jaanlo Ke Maal-o-daulat Aana Is Baat Ki Alamat Nahi Hai Ke ALLAH Tumse Khush Hai, Acche Amaal Ki Toufeeq Mil jana, Yeh hai ALLAH ke Khush Hone Ki Alamaat. Kyunke Maal-o-Daulat Toh ALLAH ne Firon Ko Bhi Diya tha Qaroon ko bhi diya tha. Hame Daulat Mil Jati hai toh hum khush ho jate hai Phir Amaal Ki Taufeeq Mile ya na Mile hame koi Fark nahi padhta, Namaaze chuth jati hai aur Daulat mil jati hai toh hum Khush ho jate hai. [4] "ALLAH Agar Kisi Se Naraaz Hota Hai Toh Usse Roti Nahi Cheenta Usse Sajdon Ki Taufeeq Cheen leta hai", Toh Hame Chahiye ke hum apne Amaal Durust kare aur Namaaz ki Pabandi kare.

"Beshak Namaaz Behayai Aur Bure Kamon Se Rokti Hai"[5]

[4] Dr.Israr Amhed.

[5] - Qur'an 29:45.

CHAPTER SEVEN

Emerging With Strong Imaan

Jab tum Apne Past Ka Fayeda Uthana Seekh Jaoge toh apne Imaan ko aur Mazbut bana sakoge kyunke tumhara Past he hai jaha tumne wo cheeze ki hai jo ALLAH ko Napasand hai, toh jab tum abb wo cheezen wo Gunah karne ka sochoge toh tumko yaad ayega ke nahi mere Rab ne mujhe unn chezon se bahar Nikala hai mai phir se waha nahi jaa sakta aur kayi baar tum wo Gunah kar bhi doge lekin haar mat maan na chahe jitne bhi baar tum wo Gunah karlo lekin agar tumhare dil mein wo karne ke baad Afsos ho toh Maafi Maango har baar jab bhi tum wo karo aur apne aap se wada karo ke phir se nahi karoge, aur kayi baar Waade bhi tutege lekin ALLAH sab Dekh raha hai tum kitna lad rahe ho apne aap se aur apni Nafs se toh haar kabhi mat maan na Wo Rab-e-Qayenaat hamesha tumhare saath hai.

Jab Tum Sach Aur Imaan Ke Raaste Per Chaloge Toh Tum Kayi logon (doston) ko khouge kayi log tumhari zindagi se jayege lekin wo iss liye nahi ke tum Acche nahi ho Sahi nahi ho. Balki iss liye ke shayad wo log Tumhare Rab se tumhe dur kar rahe the toh tumhare Rab ne unhe tumhari zindagi se dur kardiya. Aur tumhare Rab se tumhara kareeb hona shaitan ke liye haar hogi woh shaitan jisko ALLAH ne Tumhara sabse bada dushman Bataya Hai, toh kya tum nahi chahoge apne dushman ko Shikasht dena. Shaitan ne ALLAH ki Nafarmani Ke Baad, ALLAH Se Yeh kehne ke baad ke har insaan ko Jahannam mein le jaunga aaram nahi kiya ke kal se karuga ya Aaj aram kar leta hu, usne usi waqt apna kaam shuru kardiya aur Adam (AS) aur Amma Hawwa ko bhadkane pohach gaya. Jab shaitan ALLAH ki Nafarmani mein itna

purjosh hai toh hum Insaan (ALLAH Ki Behtareen Maqluk) kyu nahi Purjosh Hai ALLAH Ki Ibadat mein.

Tumhari har Koshish tumhe tab yaad ayegi, jab tum uss mein Kamyaab ho jaoge tum apne Rab ka Shukr aada karte nahi Thakoge, Aur dekhna Ek Din aisa bhi ayega Jab Tum Kahoge Yeh Aasan Nahi Tha Per Maine Kar Dikhaya. Aur yakeen mano wo khushi wo Jazbaat tumhe kuch aur paane mein nahi milegi.

Ek Hadith Mein Nabi ﷺ Farmate hai ''Agle zamane mein ek shaks tha uski Maut ka waqt kareeb aya toh usne apni Aulaad ko Bulaya aur Pucha mai kaisa baap tha unhone kaha bade acche Baap the, usne kaha agar tum mujhe accha samajh te ho toh meri ek Wasiyat hai jab mai Mar jau toh meri laash ke tukde tukde karke usko Aag Lagana aur uski Raakh ko Hawao mein aur Paani mein aur Kheeton mein Bakher dena, Agar Allah Taala Ne Mujhpe Qudrat paali toh mujhe aisa Aazab dega ke kisi ko nahi diya hoga. Nabi ﷺ Farmate hai ke jab wo Margaya uski aulado ne yehi kuch kiya toh Allah Taala Ne Zameen Ko Hawaon ko Hukm Diya Nikalo Jo Kuch Tumne Liya hai Aur Allah ne use zinda kardiya, Allah Ne Usse Pucha Yeh Tune Kyu kiya Usne Kaha Ya Allah Mai Tujhse Bada darta tha, Mai Uss Tarah Ki Zindagi Nahi Guzaar saka jis tarah tu chahta tha, Allah Ne Farmaya tujhe yakeen tha ke tujhe koi puchega, Ya Allah Isliye toh maine kaha tha Agar Allah ne mujhpe qudrat paali!, toh mai Tujhse dar gaya tha, Toh Allah Ne Farmaya Ja Tujhe Baksh diya. [1]Allah Ne Use Isliye Baksh Diya Ke Use Yakeen Tha Ke Koi Hai Jo Usse Puchega Uske Amaal Aur Use Saza Dega Aur Allah Ne Use Uske Is Darr Aur Akide Per Maaf kardiya. Toh Tumhe Kyu Lagta Hai Wo Tumhe Maaf Nahi Karega?

[1] Hadith 32, 40 Hadith Qudsi.

Hame Allah ne Yeh deen diya hai hame iski Hifazat karni hai aur Waise Jina Hai Jaisa Allah Chahta hai Lekin hum is Deen ke Ekdum Kinare Kinare se Nikalte hai ke Bas ha Kalma Padh liya hai Hum Musalmaan hai! Toh Hume lagta hai Allah Humse Nahi Puchega! Ke Kaha Guzari Apni Zindagi Kya Karte Rahe Saari Zindagi, Balki Tumhara Rab Tumhare Saamne Tumhare Amaal Rakh Dega Jisme Har Choti Se Choti Aur Badi Se Badi Baat Likhi Hogi Aur Usdin Gunehgaar Kahenge

"Haye Shamat Yeh kaisi Kitab Hai ke Na Choti Baat Ko Chorti Hai Aur Na Badi Ko Aur koi Baat Bhi nahi magar Use Likh Rakha hai". [2] Toh Usdin Tum Kya Karoge? Kya Jawab Hoga Usdin? Aur Kya Tumhara Yeh Farz Nahi Ke Tum Apne Khaliq Ke Saath Wafadaar raho? Apne Kalb mein Jhaanko aur Mehsus karo Us Rab Ki Mohabbat ko Jo tum the use Bhul Jao Jo Ho Aur Jo Banna Chahte ho usper dhyan do.

[2] Qur'an 18:49.

CHAPTER EIGHT

Loving ALLAH ﷻ More than Anything

ALLAH Se Mohabbat To Har Insaan Ka Haq Hai Farz Hai, Agar Banda Apne Khalik Se Mohabbat Nahi Karega toh kisse karega. Aur Khalik Bhi Wo Jo Humse Itna Pyaar Karta Hai Ke Jiski Hadd Nahi, jo hame Maaf karne ke bahane dhundta hai, jo hamesha hamara intezaar karta hai ke hum Maafi mange aur wo Maaf karde chahe banda kitna he Gunehgaar kyu na ho.

ALLAH ke Saamne Rou Wo Tumhe Chup Karane ke intezaar mein hai, Usse maango aur bas usi se maango wo tumhe Nawazne ke intezaar mein hai, dekhna tumhare Rab se tumhari yeh mohabbat tumhe uss muqaam tak le jayegi jiske baare mein tumne kabhi socha bhi nahi hoga. Aur Jab Tumhari Mohabbat Tumhare Rab Ke Liye Har Cheez se zada ho jayegi toh tum na toh apni Namaaz choroge na toh Roze per ha kabhi kabhi shaitan tum per hawi hoga wo baar baar tumhe piche Ghasitega aur tum uski chaal Mein phas bhi jaoge lekin yeh yaad rakhna jab bhi tumhe ehsaas ho to Fauran ruju karo apne Rab ki taraf phir se Maafi maango wo Phir Maaf Karega apne Rab se kaho ke "Mere ALLAH ek baar Phir Tujhse dur ho gaya maaf karde phir se shaitan ne bhadka diya tha maaf karde mere Rab Tujhse maafi nahi manguga toh kisse manguga tu maaf nahi karega toh koun karega" InshaAllah mera Rab Rahmaan hai zarur Maaf karega.

Maine ek jagah padha tha "ALLAH deri Unhi ke liye karta hai, jinka maangna use behad pasand hota hai" Isi tarah ALLAH Imtehaan bhi Usi Ka Leta Hai Jisse Wo Mohabbat Karta hai. Dekhna ek din aisa ayega jab tum ek din bhi uss Rab se baat kare bina reh nahi paoge, Mohabbat mein sabse aala Mohabbat mere Rab Ki Mobabbat Hai, Yeh ek aisi wahid Mohabbat hai jisme Ashiq ko na Bewafai Milti hai aur na he koi Nuksaan. Socho Roz-e-Mehshar Allah tumhe dekh kar Muskuraye (Jaisa Uske Shaan ke Layak ho) or kahe mere iss bande ko mujh se Ishq tha, Ye Raton ko uth kar meri Ibadat krta tha mai Deta tha to Shukr karta tha or jab mai Nahi Deta tha toh Sabr karta tha, Yeh Mujhse Razi rahta tha Ajj Mai Is se Raazi Hu.

ALLAH Rabbul-Izzat Se Mohabbat Har Cheez Se Bhadkar Hona Chahiye phir chahe wo Duniya ki Maal-o-daulat ho Aesh-o-Aaram ho ya Tumhari Mohabbat Ho Ya Tumhare Maa Baap. Tum Uski Mohabbat Ki kisi Se Tulna nahi kar sakte, Jab wo tumse itni Mohabbat karta hai ke tum kisi se uski Mohabbat ki Tulna nahi kar sakte toh tum kyu Uski Mohabbat mein Kisi ko aur shamil karte ho? Jo Mohabbat uske liye hai wo khalis usi ke liye hona chahiye uspe kisi aur ka haq nahi. Ha Uski Mohabbat ke baad tum karo Mohabbat apne Rasool ﷺ se Apne Maap-Baap se Apne Humsafar se Apne Bacchon se.

Socho Mera Rab Choti se Choti Makhluq Ko Rizk Aata karta hai jaise chetiyan(Ant), Paani Ki Gehrayion Mein Mashli(Fish) Aasmano Ki Unchayion Mein Chidyaon Ko, Chetiyan, Mashliyan Aur Chidya toh phir bhi Hum Dekh Sakte Hai Kayi Aisi Cheezen hai Jo Hum Bina Microscope

Ke Dekh Bhi nahi sakte Jaise Jaraseen(Germs) aur Na Jane Kitni aisi Makhluq Hai jo humne abhi tak Daryaft bhi nahi ki Hai. Toh Jo Rab Choti Se Choti Maqluk Ko bhi Rizk Aata Karta Hai, Kya Wo Tumhe Nahi aata kar Sakta? Toh kya uss Rab Ka Tum per sabse Pehla Haq nahi hai jo Apni Har Maqluk ko Rizk Aata Karta Hai Phir bhi kabhi tumhe Bhulta Nahi Hai.

Ek Shaks Tha Esai (Christian) Usne Apni Biography Mein Likha Hai Ke Meri Umr 70+ ho chuki hai aur mujhe Doctors ne Blood Cancer Bata Diya. Aur Mai Usdin Se Khush hu, Aur Maine Yeh bhi Dekha Hai Ke Mere doston ko jab bhi koi bimari ka pata chalta tha ke tumhare paas abb itna waqt reh gaya hai toh Lagta tha wo utne din se pehle he Mar jayege Gum se, kyunke Unlogo Ne Duniya ko he sab kuch maan liya tha. Wo kehta hai ke jis din se mujhe pata chala haina mai toh Betaab

hu marne ke liye. Isliye ke meri Umr uswaqt 5 saal thi, Jab maine pehli baar suna tha ke mujhe kisi ne paida kiya hai aur uss Khuda Ki Demand Hai Ke Mai Hafte mein ek din Sunday Ka Din usko du, Ajj meri Umr 70 saal ho chuki hai meri puri zindagi mein koi ek Sunday aisa nahi aya ke maine duniya ke apne saare kaam chorke Sunday ka din maine pura din God Ko Diya Hai. Wo kehta hai Mujhe Yeh Umeed Hai jis God Ke Liye Maine Itni akidat ke saath zindagi guzari hai wo mujhe Ruswa nahi karega. Kya Hum Koi Aisa Dawa kar Sakte hai? Kya hamari Koi Commitment Hai Apne Rab se, Pucho apne Aap se!

CHAPTER NINE

Your Struggle

Tumhari Jiddo jehed Mayene Rakhti hai, Tumhari Koshishe mayene rakhti hai, Tumhara Rab dekh raha hai ke tum kitni koshish kar rahe ho uske kareeb aane ki, Tum logon Ko Khush karne Ki Koshish Mat karo Apne Rab ko Khush Karo "logon ne tumhe tanha kar diya jaise tumne unke liye kuch kiya he nahi, Per ALLAH tumhare saath hai jabki tumne uske liye sachme kuch nahi kiya". Tum apni koshish jaari rakho jab tak tumhe yeh nahi lagta ke tumhara Rab maan gaya hai aur yakeen mano duniya walo ko manane se kayi zada aasan hai tumhare Rab-e-kareem ko manana. Ek baar wo Insaan tumhare aansun andheka kar dega jisko tumne apna sab kuch Bana Liya tha, Lekin ALLAH jisne tumhe sab kuch diya Tumhare har aansun ka Sila dega jo tum uske liye bhahaoge, Aur un logon ke baare mein mat socho jihne ALLAH ne Tumhari Zindagi se nikal diya. Usne Wo Dekha Hai Jo tumne Nahi dekha. Tum kitni jaldi keh dete ho ke ALLAH Hamari Dua Forun Qubool Nahi Karta, Lekin tum uska Shukr ada nahi karte ke wo hamare Gunahon ki saza hame Forun nahi deta!

Kabhi Har Nahi Maan na tab bhi nahi jab tumhe lage ke kuch nahi ho sakta abb Namumkin hai sab kuch Sahi hona. Yaad karo jab Musa(AS) Dariya-e-Neel ke Kinare Bani Israel Ke Saath Khade the aur saamne Dariya-e-Neel aur piche Firon(Pharaoh) ka lashkar tha tab ALLAH ne Kaise Unke Liye Dariya mein Raasta bana diya Jabki Musa(AS) Ke Liye wo Namumkin tha, Magar tumhare Rab ke liye nahi! Musa (AS) Jab Dariya ke kinare khade the unki nazar Dariya ki taraf nahi apne Rab ke taraf thi kyunke unko yakeen tha Ke Mera Rab Mujhe Akela Nahi Chorega.

Koi Kamil Nahi Hota Har Insaan Mein Kuch Na Kuch Kami Hoti hai, Tumhari Yeh kami ke tum kabhi kabhi apne Rab se duri Mehsus karte

ho usse dur ho jate ho aur azaan sunke use An-Suna kardete ho aur tumhe iska pachtawa hota hai tum koste ho apne aap ko, Toh Jaanlo Tumhara Rab dekh raha hai wo jaanta hai aur samajh ta hai aur use pata hai tum Akhir mein usi ki taraf laut kar aane wale ho. Lekin in sabme Shaitan ko apne upar hawi mat hone dena wo tumhe bhadkayega ke tum bohat dur aa chuke ho apne Rab se. Per Tum kitne he duur kyu na aa gaye ho, apne Rab ki Taraf sirf ek kadam sirf ek kadam wapis mud jao tumhara Rab khuli bahon se tumhara swagat karega.

Abu Dharr Al Ghifari (RA) se Riwayat Hai : Rasool ALLAH ﷺ Ne Farmaya "ALLAH ﷻ Kehta Hai Jo Shakhs Ek Neeki Lekar aata hai Use Uss Jaisi 10 Neeki Milti Hai aur mai badha bhi deta hu, aur jo shaks burayi leke aata hai toh uska badla uss jaisi ek burayi hai ya chahu toh Maaf kardeta hu, Jo Koi bhi Mere Kareeb Ek Haath Barabar aata hai Toh mai uske Kareeb ek Bazu Ke Barabar ho jata hu, jo koi bhi mere kareeb ek bazu ke barabar aata hai toh mai uske Do Haathon Ke Failao Jitna Kareeb ho jata hu, aur jo mere paas Chalta hua aata hai mai uske paas Daudta hua jata hu aur jo mujhse puri Zameen ke barabar Gunahon ke saath Mulaqaat karta hai, aur mere saath kisi ko shareek nahi tehrata toh mai uske saath utni he Magfirat ke saath Mulaqaat karta hu.[1]

[1] Sahih Muslim 2687a

Tumhara Rab Hamesha Tumhe Maaf Karega Tum Usse Maafi Mang kar toh dekho. Aur Yeh Mai Isliye Keh Raha hu kyunke mere Rab Ne Mujhe tab Maaf Kiya Hai Jab Mai Apne Aap ko Maaf Nahi Kar Pa raha tha. Toh us Rab-e-Kareem se kabhi Na-Umeed mat hona, wo hamesha tayyar hai tumhe Maaf karne ke liye. Tum ek kadam uski taraf badha kr toh dekho.

CHAPTER TEN

ALLAH's Victory

Jab Tumhe Ehsaas Hoga Ke Tumhare Rab Ne Tumhe Kaha Se Nikal Kar Kaha Le Aya Toh Tum Apne Rab Ka Shukr Ada Karte Nahi Thakoge.Jab Tum Sochoge Ke tum pehle kya the aur abb kya ho toh tumhare Dil mein uss Rab-e-Zuljalaal ke liye Mohabbat aur badh jayegi. Aur tumhari Duaen jo tum Ro-roker maaanga kiya karte the apne Rab ke saamne 'Ke mere Rab mujhe Hidayat de' yeh nishani hai ke tumhara Rab jeet gaya wo kamyab hua tumhare dil mein apni Mohabbat jagane mein, aur pata hai tumhare Rab ne tumhe sab se alag kyu kiya, kyu sabko tumhare zindagi se nikal diya, un logo ko jinke baare mein tum shikayat karte the apne Rab se ke kyu usne tumse un logon ko cheen liya, wo isliye ke wo chahta tha ke jab sab chale jaye toh sirf tum aur wo ho! Toh maango apne Rab se, Baat karo apne Rab se, Shikayat karo apne Rab se, Rou apne Rab ke saamne yeh duniya layak nahi tumhare ek katre aansun ke bhi lekin wo Rab hai, wo tumhare raaton ko uth uth kar usse maangne ke layak hai, uske liye uske saamne rone ke layak hai, wo hai!

Aur Yaad Rakhna Jeet Hamesha Haq Ki Hogi Chahe kuch bhi ho jaye haq ka saath mat chorna Farq nahi padhta agar puri duniya khilaf ho per tum Haq ka Raasta kabhi mat chorna, Sabr Karna Aur bharosa rakhna apne Rab per wo kabhi Haq ke raaste per chalne walon ka saath nahi chorta. Hame nahi bhulna chahiye ke ALLAH ﷻ Ki Jeet ke liye Hamare Aba-o-ajdaad ne kitni Qurbani di. Unko kya chahiye tha apne liye kuch nahi jo kuch kiya apne aane wale logon ke liye kiya, chahte the ke ta Qayamat Haq ka Bol bala ho saare jahan mein. Aur Bhale he Ab waise log nahi Lekin Haq Taala Hai Aur Hamesha Rahega Wo Apne Deen Ko Kabhi Ruswa Nahi Hone Dega Aur Na he Uske Deen Ko Maan ne walon ko. Ajj Kyu Musalman Ruswa Hai Kyunke Use Tawheed ka koi paas nahi raha, Bhul Gaya Hai Jo Uske Deen Ki

buniyaad hai. Ab Uske Dil Mein Jannat Ki Nahi Duniya Ki Chah hai.

Nadaan uss lafaani Jannat Ke Badle Iss Faani Duniya Ka Sauda Karne Ke Liye Tayyar hai. Aur bhai-bhai se ladh raha hai, Musalman-Musalman ka khoon ka pyasa hai. Firqo mein Khudko Baat liya Hai Kya Yehi Taleem hai Nabi ﷺ Ki? Hame Chahiye Ke Hum Yaad Kare Ke Sahaba Kaise the Apas mein. Aur ALLAH kya Farmata Hai Qur'an Mein

"Aur sab Milkar ALLAH ki Rassi Ko Mazbuti se thamlo aur firkon mein mat bato" [1] toh kyu nahi hai hum ek Ummah?

[1] Surah Aal-e-Imran 3:103

Aur Dekhna Ek Din Ayega jab tum kahoge "Ya ALLAH, Yeh us se kayi Zada hai jo maine Tujhse Maanga tha, Alhamdulillah".

Note

Assalamualaikum warahmatullahi wabarakatuhu, Mujhe umeed hai apko yeh Book acchi lagi hogi aur apne isse kuch sikha bhi hoga agar acchi lagi ho aur kuch sikha ho toh apne doston aur parivaar walon ko bhi is Book ke baare mein bataye aur hum chahte hu aap thodi si aur musshakat utha kar hamari is Book ka Review Dede jaha se bhi aapne ise Padha hai ya Mangwaya hai (amazon, flipkart, kindle) ya aap iska Review Hame hamare diye gaye Social Media Handle per de sakte hai @adnan_k09, @morninstarrr____, Hame intezaar hoga Apke keemti Review ka,

JazakAllahu Khayran.